UNION DES FEMMES DE FRANCE

RECONNUE D'UTILITÉ PUBLIQUE PAR DÉCRET DU 6 AOUT 1882

RATTACHÉE A TITRE D'AUXILIAIRE AU SERVICE DE SANTÉ MILITAIRE

PAR DÉCRET DU 21 DÉCEMBRE 1886

INSTRUCTIONS GÉNÉRALES

POUR

L'ORGANISATION DES SERVICES

DE

L'UNION DES FEMMES DE FRANCE

EN CAS DE GUERRE

PAR LE

Dr P. BOULOUMIÉ

Secrétaire général de l'Union des Femmes de France

EX-MÉDECIN-MAJOR DE L'ARMÉE, DÉMISSIONNAIRE

CHEVALIER DE LA LÉGION D'HONNEUR

SIÈGE SOCIAL

PARIS

29, Rue de la Chaussée-d'Antin, 29

UNION DES FEMMES DE FRANCE

RECONNUE D'UTILITÉ PUBLIQUE PAR DÉCRET DU 6 AOUT 1882

RATTACHÉE A TITRE D'AUXILIAIRE AU SERVICE DE SANTÉ MILITAIRE

PAR DÉCRET DU 21 DÉCEMBRE 1886

INSTRUCTIONS GÉNÉRALES

POUR

L'ORGANISATION DES SERVICES

DE

L'UNION DES FEMMES DE FRANCE

EN CAS DE GUERRE

PAR LE

Dr P. BOULOUMIÉ

Secrétaire général de l'Union des Femmes de France

EX-MÉDECIN-MAJOR DE L'ARMÉE, DÉMISSIONNAIRE

CHEVALIER DE LA LÉGION D'HONNEUR

SIÈGE SOCIAL

PARIS

29, Rue de la Chaussée-d'Antin, 29

INSTRUCTIONS GENERALES

POUR

L'ORGANISATION DES SERVICES

DE

L'UNION DES FEMMES DE FRANCE

EN CAS DE GUERRE

La concentration, opérée lors de la mobilisation partielle qui vient d'avoir lieu, nous a montré quelle serait la rapidité des événements en cas de guerre et nous a confirmé dans l'opinion que nous avons maintes fois exprimée, à savoir que, dans les cinq jours qui suivraient une déclaration de guerre, les services de secours auxiliaires devraient être prêts à recevoir des malades et des blessés de l'armée.

L'incertitude de l'avenir, devant les incidents si multipliés, qui se succèdent sur nos frontières de l'Est, nous font un devoir de nous organiser comme si demain nous devions être appelés à mobiliser nos services.

Le passé nous enseigne d'ailleurs que plus la préparation préalable a été complète, plus les services rendus ont été grands, plus la mortalité a diminué chez les secourus. Nous avons cité bien souvent, à ce sujet, les exemples de la guerre d'Amérique, de la guerre de Crimée, de la guerre Austro-Allemande, de la guerre Franco-Allemande.

Ce qui a été fait jusqu'à ce jour en France est absolument insuffisant ; nous ne saurions nous contenter de faire, le cas échéant, ce qui a été fait en 1870. Nous avons perdu 95,000 hommes de plus que les Allemands, qu'on ne l'oublie pas, par le fait de maladies, qu'une organisation plus complète des secours aurait pu éviter ou combattre efficacement, du moins en grande partie.

Depuis lors, il est vrai, une grande réforme a été accomplie ; elle portera ses fruits certainement ; c'est la libération du service de santé militaire des entraves administratives qui l'enchaînaient et le paralysaient.

Aussi l'organisation des secours a-t-elle fait un pas immense. La dissémination et l'évacuation loin des lieux de concentration de troupes et des champs de bataille sont aujourd'hui prévues, organisées ; le nombre des médecins militaires du cadre actif, encore très insuffisant actuellement, se trouvera augmenté pour le temps de guerre de tous les médecins âgés de moins de quarante ans et d'un bon nombre d'autres qui acceptent de servir, bien qu'ayant dépassé cet âge ; des trains d'évacuation par les voies ferrées, les canaux, les rivières, sont prêts à fonctionner ; des locaux sont choisis dans tous les points de la France, par les directeurs du service de santé des corps d'armée, pour y loger en cas de guerre les malades et les blessés ; des marchés sont passés pour leur assurer les moyens de subsistance et de traitement. Ce que la médecine militaire pouvait faire en temps de paix est donc fait, ou peu s'en faut.

La Société Française de secours aux blessés, de son côté, travaille pour se montrer à la hauteur des circonstances et ne plus être prise au dépourvu, comme en 1870 ; elle se préoccupe surtout des moyens de transport, de l'organisation des ambulances de gare, de la constitution et du perfectionnement de son matériel de secours ; elle est entrée depuis quelques années dans une période d'activité que l'émulation accentue de jour en jour davantage.

Comme elle, notre Société l'*Union des Femmes de France*, après avoir été reconnue d'utilité publique, a été rattachée officiellement à titre d'auxiliaire au service de santé militaire, par décret en date du 21 décembre 1886.

Ce décret nous trace nos attributions, leur étendue et leurs limites ; c'est une preuve de l'importance attribuée à notre œuvre, qui nous a été accordée sans que nous l'ayions sollicitée et qui, par cela même, n'en est que plus précieuse. Nous devons avoir à cœur d'y répondre en justifiant par nos actes, même en temps de paix, de la confiance qui nous a été témoignée.

Notre but d'ailleurs, notre unique but, quoiqu'en aient pu dire des critiques intéressées et malveillantes, est uniquement l'amélioration du sort des malades et des blessés en temps de guerre, et la diminution de l'excessive mortalité constatée jusqu'à ce jour dans nos armées en campagne.

Nos moyens sont la préparation préalable, la prévoyance et la sollicitude constantes, l'utilisation prévue du matériel en usage journalier, la création de matériel supplémentaire, étudié et expérimenté pendant la paix, notre intervention dans le cas de désastres publics autres que la guerre.

Notre rôle est de débarrasser autant que possible le service de santé militaire du soin des malades et des blessés qu'il peut laisser en arrière ou évacuer au loin.

C'est là un rôle dont on appréciera l'importance, en songeant que les 2/3 du personnel et les 3/4 du matériel de santé devraient être, en l'absence de secours auxiliaires, affectés au service de l'arrière et du territoire. (Par service de l'arrière, on entend toutes les formations sanitaires fonctionnant en arrière de la limite de la zône du service des étapes, et ne faisant pas partie intégrante du corps d'armée mobilisé).

L'organisation préparatoire indispensable à une mobilisation immédiate qui peut être un jour nécessaire, fait l'objet spécial de cette note, sorte de commentaire du décret de rattachement du 21 décembre 1886, et du titre III de notre règlement.

Le Décret portant règlement pour le fonctionnement de l'Union des Femmes de France, nous autorise à seconder, en temps de guerre, comme les autres Sociétés de la Croix rouge française[1], le service de santé militaire, et à faire

(1) Quelques erreurs se sont produites au sujet de cette appellation.

Le terme de « Croix rouge » est partout en Europe appliqué à l'ensemble des Sociétés ou Associations autorisées à prêter, en cas de guerre, leur concours au service de santé des armées dans l'œuvre patriotique et humanitaire d'assistance aux blessés des armées de terre et de mer.

L'habitude prise en France de désigner exclusivement la Société française de secours aux blessés sous le nom de Société de la Croix-Rouge tient à ce que, lors de la guerre de 1870, il n'y avait pas d'autre Société de la Croix rouge organisée en France.

La croix rouge sur fond blanc, adoptée partout (sauf dans les pays musulmans, où la croix est remplacée par le croissant), d'après les dispositions de l'article 7 de la convention de Genève du 22 août 1864, est l'emblème international qui permet de reconnaître tout ce qui, comme personnel ou matériel, ressortit au service de santé de l'armée ou des sociétés auxiliaires.

L'Union des Femmes de France, officiellement reconnue comme auxiliaire du service de santé est, au même titre que la Société Française de secours aux blessés, comprise dans le groupe des « Sociétés de la Croix rouge française », terme sous lequel ces sociétés sont constamment désignées dans les documents officiels.

La délivrance des *brassards* portant l'emblème : croix rouge sur fond blanc, est faite aux membres de ces Sociétés dans les mêmes conditions, par les directeurs du service de santé du corps d'armée (article 11 du décret portant règlement pour le fonctionnement de l'Union des Femmes de France).

« *Article 11 du décret.*— Le personnel de la Société est autorisé à « porter le brassard institué en vertu de l'article 7 de la convention « de Genève, en date du 22 août 1864, dans les conditions déter-

parvenir aux malades et aux blessés, les dons que nous réunissons à leur intention.

Notre droit d'exercer la mission que nous nous sommes donnée en fondant l'*Union des Femmes de France*, concourir aux soins des malades et des blessés, en temps de guerre, est donc officiellement reconnu ; mais ce concours ne peut s'exercer que sous l'autorité du commandement et des directeurs du service de santé, à qui incombent la responsabilité de tout ce qui intéresse l'armée et la santé du soldat.

L'immixtion d'éléments civils, non soumis à la discipline militaire, ne pouvant être admise dans les rangs de l'armée, ce concours ne peut être étendu au service de première ligne, ni aux hôpitaux d'évacuation ; le service de santé militaire doit seul être chargé d'assurer les secours à porter aux combattants, décider de l'opportunité des évacuations et régler celles-ci suivant la nature des maladies ou des blessures et les nécessités militaires.

Voilà pourquoi : « l'intervention de la Société est limitée au service du territoire. »

« minées par les règlements de ladite Société.

« Les brassards sont exclusivement délivrés par le directeur « du service de santé de la région et revêtus de son cachet et « du numéro de série de la région, sur la production du contrôle « nominatif du personnel indiqué à l'article 8.

« Il est délivré en même temps une carte nominative qui « porte le même numéro que le brassard et qui est signée par le « délégué régional et par le directeur du service de santé. Tout « porteur de brassard doit être constamment muni de cette carte ».

Ces brassards peuvent être délivrés, *dès le temps de paix*, au personnel désigné (voir page 20) pour le service des hôpitaux de l'Union, qui doivent être constamment prêts à fonctionner en cas de guerre.

Ils sont en drap blanc avec croix en drap rouge. La largeur du brassard est d'environ 8 centimètres, la croix est formée de deux branches égales de 6 centimètres de long sur 2 de large. Les brassards portent un numéro d'ordre, la lettre indiquant la série du corps d'armée, le cachet de la direction du service de santé et le cachet de la Société.

Quant à cette intervention, elle peut consister : « 1° A créer dans les places de guerre et les localités désignées par le ministre de la guerre ou les généraux commandant le territoire, suivant le cas, des hôpitaux auxiliaires destinés à recevoir des blessés et des malades appartenant aux armées;

2° A faire parvenir aux blessés les dons volontaires qu'elle a recueillis. »

L'organisation des services est la même dans les places de guerre et les autres localités, leur fonctionnement seul présente quelques différences sur lesquelles nous reviendrons.

L'article 13 du décret porte : « La Société se procure, pour chaque établissement qu'elle crée, le matériel nécessaire pour l'exécution du service.

Toutefois, si l'organisation d'un établissement reconnu indispensable ne peut-être effectuée faute de certaines ressources en matériel, l'administration de la guerre peut mettre exceptionnellement à la disposition de la Société, à titre de prêt, tout ou partie de ce matériel. »

Et l'article 5 dit : « En temps de paix, la Société adresse, tous les six mois, au ministre de la guerre, un rapport destiné à lui faire connaître les moyens dont elle dispose en personnel et en matériel. »

Il ressort bien nettement de ces deux articles que les auteurs du décret ont voulu, avec raison, que tout fût, autant que possible, prévu et préparé, et pût être contrôlé par les hommes compétents et expérimentés, qui sont à la tête du service de santé de l'armée, et ceux qui le représentent auprès des généraux commandants de corps d'armée.

Quant à la faculté, que nous laisse l'article 13, d'emprunter à l'administration de la guerre une partie de son matériel, il faut tout faire pour éviter d'en user, car nous sommes créés pour augmenter les moyens de secours de l'armée, et non pour les réduire ou les déplacer.

Il faut donc avoir tout prévu, et, pour n'être pas surpris par la rapidité des événements, il faut être toujours prêt.

Tout ce qui doit être fait en cas de guerre est indiqué dans nos règlements « titre III, articles 50 à 67 spécialement. »

Il y est dit en substance : 1° Que, la guerre venant à éclater, les bureaux de tous les comités siégeront en permanence jusqu'à l'organisation complète des services.

2° Qu'une note sera immédiatement rédigée et adressée aux journaux, pour informer : (a), que l'Union mobilise ses services de secours et fait appel aux personnes qui ont promis leur concours personnel, à celles qui ont souscrit des promesses à réalisation éventuelle de fonds ou de matériel, et à tous ceux qu'un sentiment de charité patriotique et d'humanité porte à venir au secours des victimes de la guerre ; (b) que les services hospitaliers ou les lieux de concentration de dons en argent ou en nature sont établis sur tels ou tels points.

Il y est dit ensuite comment doit être organisée la direction des services de secours, comment doivent être organisés les hôpitaux, quel est leur personnel, et quelles sont les attributions des membres qui le composent.

Tout cela étant écrit et publié, il n'y a pas lieu d'y revenir, mais il nous a paru important, pour éviter les pertes de temps toujours funestes qui se produisent au début d'une guerre, d'inviter tous nos Comités à faire en temps de paix, avec RÉFLEXION et MATURITÉ, dès qu'ils se constituent, ce qu'ils auraient à faire avec PRÉCIPITATION en cas de guerre.

Le rôle spécial de l'Union des Femmes de France, étant de permettre au service de santé militaire d'être tout entier aux armées, en le débarrassant autant que possible des soins des malades et des blessés évacués dans les hôpitaux auxiliaires du territoire, nous avons à nous préoccuper d'abord de nous assurer : 1° des locaux ; 2° du matériel de subsistance et de secours ; 3° des ressources pécuniaires ; 4° du personnel ; puis, de régler à l'avance le fonctionnement des services.

LOCAUX.

Dès leur constitution, tous les comités doivent chercher à s'assurer des locaux destinés à devenir le siège des hôpitaux temporaires qu'ils auraient à créer en cas de guerre.

Chaque hôpital doit contenir de 20 à 100 lits ; s'il en contenait moins de 20, il occuperait inutilement trop de personnel et s'il en contenait plus de 100, la gestion en deviendrait trop difficile pour des personnes n'ayant pas une très grande expérience, ce qui peut être le cas d'un certain nombre de directrices d'hôpital.

Les locaux doivent, par conséquent, être, autant que possible, disposés pour recevoir, sans de trop grandes transformations, un nombre de lits variant de 20 à 100.

Ces locaux peuvent être très divers, mais ils doivent tous être d'accès facile, situés en un lieu salubre, à portée de cours d'eau, de sources, de fontaines ou de puits bien entretenus et présenter les conditions matérielles indispensables à leur destination éventuelle (largeur des portes et des escaliers suffisante pour laisser passer un brancard, hauteur suffisante de plafonds, facilité d'éloignement des vidanges et immondices, etc.)

Ils peuvent être choisis parmi des hôtels, particuliers ou autres, des salles de réunion, des marchés couverts, des magasins, des écoles, collèges ou pensions, etc., mis à la disposition de l'Union, soit directement par leurs propriétaires, soit par l'autorité militaire qui les aurait retenus par droit de réquisition (loi des 6 et 22 février 1877).

Quels qu'ils soient, ces locaux doivent être, dès leur mise à la disposition de l'Union, visités par la Présidente du Comité, assistée de la Directrice du matériel, des médecins et architectes, membres du comité consultatif, des membres du bureau de la commission médicale d'enseignement, du propriétaire desdits locaux, et, s'il y a lieu, du maire de la commune et d'un architecte désigné par le Conseil d'administration.

La question d'appropriation de l'immeuble à une installation hospitalière est alors discutée ; si le local est accepté en principe, la réunion des membres présents nomme une sous-commission, chargée d'étudier les transformations qu'il y aurait à opérer dans les locaux visités, le jour où, la guerre éclatant, ils devraient être aménagés comme hôpitaux.

Les conclusions du rapport de cette sous-commission étant discutées et acceptées, deux *plans* sont dressés, l'un reproduisant exactement l'état des lieux, l'autre indiquant les réparations et transformations à opérer et mentionnant en une légende détaillée la nécessité de la désinfection et les moyens à employer pour y procéder, la destination à donner à chaque pièce, le nombre de lits pour malades et gens de service à placer dans l'hôpital, la disposition à donner à ces lits ainsi qu'aux autres parties du matériel : tables, armoires, etc.

Dans ces conditions, la transformation d'un bâtiment quelconque en hôpital, peut se faire très rapidement et dans les conditions de sécurité qu'on ne trouverait pas si on agissait à la hâte sous l'empire d'une urgente nécessité.

Dans les localités où il ne se trouve pas de locaux pouvant servir d'hôpitaux temporaires, il y a lieu de faire étudier par la commission médicale, assistée d'architectes, des modèles de baraques [1] pouvant être établies rapidement et dans des conditions pécuniaires avantageuses, en utilisant les matériaux qui se trouvent dans le pays et tels qu'ils s'y trouvent. Un type uniforme ne peut donc pas être recommandé pour toute la France ; aussi chaque Comité qui croirait devoir employer en cas de guerre des baraquements, doit-il faire exécuter, après examen des divers types qui peuvent lui être soumis, *un plan détaillé*, ou *un modèle en réduction* de celui qui aura été adopté, et passer des *marchés éventuels* avec les constructeurs ou les marchands de bois et autres matériaux du pays.

Aux termes de ces marchés, les fournisseurs, qu'on intéresserait autant que possible à l'œuvre commune, s'engageraient à fournir, en cas de guerre, dans un délai de *x* jours, des baraques pouvant contenir *x* lits à un prix déterminé, avec faculté d'augmenter dans une certaine limite les constructions à des conditions de prix également déterminées.

Il est bon d'adopter des types permettant d'augmenter en longueur, suivant les besoins, les dimensions des salles,

---

[1] Les baraques ne conviennent guère que dans les régions tempérées.

ou d'ajouter des salles nouvelles pouvant facilement être surveillées et desservies.

Dans les villes où ces baraquements devraient être établis, il y a lieu de faire déterminer par la commission médicale l'emplacement et l'orientation à leur donner, les travaux d'assainissement à faire faire, les précautions à prendre pour assurer la salubrité des établissements projetés, et de provoquer la cession éventuelle à titre temporaire de ces emplacements, par les propriétaires: état, municipalités ou particuliers.

L'établissement d'hôpitaux, ainsi prévu et bien étudié, peut-être exécuté dans des conditions de salubrité et de rapidité auquel on ne saurait atteindre autrement.

Les mêmes mesures doivent être prises en ce qui concerne les groupes de maisons particulières pouvant être constitués en hôpital (art. 56 du réglement [1]).

Les locaux occupés par les services de la Société seront, lors de leur évacuation définitive, remis dans l'état où ils étaient avant leur occupation, s'il a été fait mention de cette condition lors de leur livraison.

MATÉRIEL.

Ce qui vient d'être dit des locaux s'applique en partie au matériel, quel qu'il soit.

Le matériel employé dans un hôpital se divise en

---

(1) *Art. 56 du réglement.* — Tout *hôpital* créé par l'Union devra contenir 20 lits au moins, soit réunis dans un même local, soit répartis dans un groupe d'habitations voisines les unes des autres.

Les points les plus éloignés des centres de secours devront être spécialement réservés aux convalescents.

matériel d'exploitation et de subsistance, et matériel médico-chirurgical.

L'Union des Femmes de France, cherchant surtout à organiser ses services avec les ressources locales, c'est par la réalisation des promesses de cession éventuelle de mobilier, de linge, d'ustensiles de toute sorte, qu'elle peut et doit constituer ses hôpitaux.

Aussi, dès l'organisation d'un comité, tous ses membres, et particulièrement ceux de son bureau, doivent-ils s'attacher à faire signer des *promesses de cession de matériel*, de lingerie, literie, combustible, objets de consommation, ustensiles de cuisine, etc., etc., en rappelant qu'il ne sera fait appel de ces dons ou prêts qu'en cas de guerre.

Pour ce qui concerne la subsistance des malades et des employés des hôpitaux, il n'y a généralement pas lieu de passer à l'avance des marchés éventuels. Il en est autrement de la literie, dans le cas où elle ne serait pas promise en quantité suffisante, du matériel médico-chirurgical, et en particulier des médicaments. Pour s'assurer la possession de ces deux dernières catégories d'objets, en quantité suffisante et en temps utile, il est bon de passer des marchés éventuels avec plusieurs droguistes ou pharmaciens, de manière qu'ils puissent fournir éventuellement le nécessaire sans qu'aucun se démunisse. La nature et les quantités des objets et médicaments qui leur seraient demandés seront fixées par la commission médicale, selon la destination probable et la contenance des hôpitaux à établir en cas de guerre et la constitution médicale du pays.

Les lits destinés aux salles de malades et blessés devront être des lits en fer de 0,80 centimètres à 1 mètre de largeur sur deux mètres de longueur ou bien des lits en bois du modèle adopté par l'Union ou les Comités, pouvant être établis au prix de 6 fr. aux diverses dimensions correspondant à celles des couchages, suivant des marchés éventuels passés à l'avance.

Les couchages de provenance ou de propreté douteuse devront être soigneusement lavés et désinfectés.

Les couchages, quels qu'ils soient, devront toujours être désinfectés avant d'être mis en service, si la Commission médicale du Comité, préalablement consultée, en a décidé ainsi.

L'importance de la préparation du matériel par voie de promesses à réalisation éventuelle n'échappera à personne. Ce n'est qu'en procédant ainsi qu'on peut arriver, sans frais et dans de bonnes conditions hygiéniques, à réunir le matériel nécessaire à la constitution d'hôpitaux temporaires.

En cas de guerre, le matériel serait immédiatement réuni, suivant la nature des objets, soit au siège du comité, soit au lieu désigné pour être le siège de l'hôpital, soit dans un magasin où il serait soumis aux mesures de propreté (lavage, désinfection), et aux réparations et transformations qui pourraient être nécessaires.

Le matériel, autre que le matériel de consommation, restant dans les salles ou en magasin après fermeture de l'hôpital, sera rendu à ceux qui l'auront fourni, s'ils en ont fait la demande, ou vendu au profit de l'Union, ou conservé pour être de nouveau mis en service, le cas échéant.

En temps de paix, le rôle des Comités est donc de provoquer le plus grand nombre possible de promesses de cession éventuelle de *matériel de toute sorte*, et le rôle de la directrice du matériel est d'établir et de tenir à jour un registre de ce matériel, afin de pouvoir adresser tous les six mois, au ministre de la guerre (art. 5 du décret du 21 décembre 86)[1], par l'intermédiaire du comité de Paris, un état exact des ressources en matériel dont dispose l'Union des Femmes de France.

La nature, les quantités et proportions des divers objets constituant le matériel d'ambulance nécessaire, sont inscrites dans une nomenclature spéciale.

FINANCES.

On ne saurait soutenir que les Sociétés de secours doivent négliger de constituer un fonds de réserve aussi important que possible, mais il ne faut ni croire qu'un fonds de réserve ait jamais été suffisant pour subvenir à tous les besoins créés par la guerre, ni qu'une Société, bien organisée en temps de paix et fonctionnant bien en temps de guerre, ait été arrêtée dans sa marche, faute de ressources pécuniaires. Il n'y a, pour se convaincre du bien fondé de ces appréciations, qu'à se rappeler ce qui s'est passé pendant la guerre de la Secession en Amérique, pendant la guerre Austro-Prussienne et pendant la guerre Franco-Allemande.

Les ressources pécuniaires, nulles ou à peu près au début des hostilités, se sont chiffrées par 400 millions pour l'Amérique, pendant la guerre de la Secession ; par 15,000,000 francs pour la Prusse et 2,160,000 francs pour

---

(1) *Art. 5 du décret.* — En temps de paix, la Société adresse, tous les six mois, au ministre de la guerre, un rapport destiné à lui faire connaître les moyens dont elle dispose en personnel et en matériel.

l'Autriche, durant la guerre Austro-Prussienne ; par 10,521,125 francs pour la France (Comité central) et 78,000,000 pour l'Allemagne (Comité central) en 1870.

Déjà, lors de la guerre de Crimée, lors de la guerre d'Italie, les fonds mis par la charité publique à la disposition de nos armées, avaient été très considérables et c'est avec le reliquat de ces sommes qu'a été constituée, après la guerre d'Italie, la *caisse des offrandes nationales*.

Il y a donc lieu de compter et de compter beaucoup sur la générosité publique pour subvenir aux besoins des services organisés par l'Union, mais il ne faut pas compter exclusivement sur elle.

Il faut que chaque Comité ait toujours en réserve une somme suffisante pour organiser immédiatement ses hôpitaux et les entretenir pendant un mois ; puis, qu'il ait des promesses de dons éventuels de fonds suffisants pour assurer leur fonctionnement pendant un mois encore.

Avec cela, il est certain que l'on ne sera pas pris au dépourvu et qu'il n'y aura pas de déception, car, pendant ces deux mois, s'accumuleront dans les caisses de la Société des ressources qui constitueront un fonds de réserve pour longtemps suffisant, en admettant même que l'élan de charité des premiers moments vienne à se ralentir, ce qui ne se produit pas tant qu'on est en période active d'hostilités.

L'essentiel est donc, on ne saurait trop le répéter, d'avoir en caisse des réserves suffisantes pour assurer l'organisation des hôpitaux et leur fonctionnement durant un mois et des promesses de cession éventuelle de fonds pour assurer celui-ci pendant un mois encore.

Le fonds de réserve est obtenu par les 80 % que chaque

Comité doit réserver pour le cas de guerre sur le produit total de ses recettes, provenant de cotisations, fêtes et ventes de charité, dons, legs, etc., défalcation faite des frais généraux (suivant art. 10 du règlement) [1].

La dépense par homme malade et par jour peut être évaluée à 3 fr. Mais en raison des dépenses d'installation et d'organisation des services, il faut l'évaluer à 5 francs pour le premier mois, sans qu'il y ait lieu de tenir compte de un franc par jour qui sera remboursé ultérieurement par l'administration de la guerre (art. 17 du décret du 21 décembre 86) [2].

A ces chiffres il faut ajouter, s'il y a lieu, les sommes reconnues nécessaires : 1° pour aménagement, transformation ou construction des locaux ; 2° pour achat de matériel aux prix fixés dans les marchés éventuels et enfin une somme de 10 à 25 francs par lit, suivant les circonstances, dont les bureaux des Comités restent juges, pour parer aux imprévus.

---

(1) *Article 10 du règlement.* — Le Conseil veille à ce que, après prélèvement du 10 % pour la caisse de province dont il sera parlé ci-après et du fonds de roulement servant à pourvoir aux frais d'administration, il ne soit pas affecté plus de 20 % des ressources ordinaires de la Société aux secours à donner en vue des désastres publics (étant compris dans ces 20 % le montant des 10 % versés dans la caisse de province) ; 80 % de ces ressources devant toujours être mis en réserve en vue de la mobilisation immédiate des services de l'Union, en cas de guerre.

(2) *Article 17 du décret.* — La Société reçoit de l'administration de la guerre par journée de malades traités dans ses établissements, à titre de part contributive de l'Etat, une indemnité fixe de 1 fr.

Cette indemnité n'est pas due pour les journées de sortie par guérison.

La Société reste chargée de faire procéder à ses frais à l'inhumation des militaires décédés dans ses établissements, ainsi qu'à la célébration du service mortuaire.

Soit pour un hôpital de 100 lits :

100 malades à 5 fr. pendant 30 jours :

$$100 \times 5 \times 30 = 15{,}000 \text{ f.}$$

Plus, *éventuellement* :

100 fois 25 fr. (pour imprévus). 2,500

5,000 fr. (somme supposée nécessaire pour désinfection, aménagement, réparations). 5,000

Total. . . . . 22,500 f.

C'est donc une somme de 15,000 à 22,500 francs que les Comités, voulant organiser un hôpital de 100 lits, doivent chercher à avoir comme réserve. Ils doivent tout faire pour arriver à ce chiffre ou en approcher le plus possible et pour cela redoubler d'économie dans les frais d'administration, de zèle dans la préparation du matériel de secours, faire beaucoup par eux-mêmes et acheter le moins possible, activer leur propagande, instituer des fêtes, ventes, loteries, quêtes de charité, etc., etc.

S'ils n'atteignent pas d'emblée au résultat désiré, ils ne doivent pas quand même se décourager et songer à reculer. Le passé est là pour démontrer que le jour où chacun voudra donner son concours ou son offrande pour les victimes de la guerre, c'est aux représentants d'une Société connue par son zèle et son dévouement qu'on s'adressera, même si ses Comités ne sont, dans quelques localités, représentées que par des *cadres*. Ces *cadres* ont donc une grande utilité et il est bon que partout les Comités, déjà en fonction, assurent leur recrutement dans les localités qui les environnent. Grâce à eux, notre œuvre pourra, le jour venu, répondre à son programme de généralisation des moyens de secours offerts aux soldats et par la dissémination des malades et des blessés, diminuer la mortalité signalée jusqu'à ce jour dans nos armées.

Quant aux Comités encore peu nombreux et dont les ressources sont insuffisantes pour constituer un hôpital en cas de guerre, ils ne doivent pas se considérer comme impuissants et inutiles ; l'organisation régionale de nos établissements de secours rend leur concours très précieux. Ils peuvent, en effet, soit venir en aide aux hôpitaux de la région, soit grouper les ressources des localités environnantes et se trouver ainsi d'un moment à l'autre, en mesure de constituer, eux aussi, un hôpital de quelqu'importance.

PERSONNEL.

Le personnel devant assurer le service des hôpitaux temporaires organisés par l'Union des Femmes de France, se compose de membres titulaires, associés et auxiliaires et de personnel adjoint, s'il y a lieu. Le détail de ce personnel, tant médico-chirurgical qu'administratif, est donné dans l'art. 58 du règlement [1].

(1) *Article 58 du règlement. — Le personnel médico-chirurgical et administratif* attaché à tout hôpital se compose de :

1º Une dame membre titulaire de l'Union, *Directrice d'hôpital* et une *Sous-Directrice* ;

2º Un ou plusieurs médecins et chirurgiens et un pharmacien ;

3º Une secrétaire choisie parmi les membres titulaires ou auxiliaires ;

4º Une préposée à la lingerie et à la buanderie (membre titulaire ou auxiliaire) ;

5· Une proposée au service des vivres (approvisionnements, cuisine, distribution) ;

6º Un certain nombre de membres titulaires auxiliaires et au besoin de gens de service, qui pourront être retribués.

La composition de ce personnel pourra varier suivant le degré de concentration ou de dissémination de la circonscription de

Pour que sa constitution ne subisse pas de retard et ne soit pas défectueux par le fait de choix faits à la hâte, en cas de guerre, pour que, de plus, chacun sache, dès le temps de paix, ce qu'il aura à faire dans cette éventualité, il est bon que tous les services soient organisés à l'avance et tout leur personnel désigné.

Il y a donc lieu de nommer tous les ans le personnel qui serait chargé, le cas échéant, de la direction et de l'exécution des services, ainsi qu'il est dit à l'art. 59 du règlement [1], et de prévoir le nombre d'adjoints, hommes et femmes, qui pourraient être nécessaires. Le mandat donné à ce personnel est renouvelable annuellement.

Ce personnel doit varier avec la situation militaire des divers Comités.

Le Comité d'une place de guerre ou d'une ville frontière, doit avoir un personnel adjoint assez nombreux d'hommes pouvant remplir au besoin les fonctions d'infirmiers-bran-

secours constituant l'hôpital. Elle sera réglée par la Commission administrative.

(1) *Article 59 du règlement.* — (A) *La Directrice d'hôpital* est nommée par le Conseil d'administration et, dans les villes où il n'y a pas de Conseil d'administration organisé, par le Comité de direction ou le bureau qui en remplissent les fonctions.

Elle est nommée pour trois mois. Elle est rééligible.

Elle n'est révocable que par le conseil d'administration.

(B) *Les Médecins, les Chirurgiens et le Pharmacien* sont nommés par le Conseil d'administration, sur la présentation des médecins membres du Comité consultatif et de la commission médicale d'enseignement, qui prend l'avis des médecins professeurs.

Les médecins désignés pour faire partie du personnel médico-chirurgical des hôpitaux de l'Union sont choisis parmi les membres associés. La moitié au moins est prise parmi les médecins professeurs.

Dans l'hôpital, le plus ancien remplit les fonctions dévolues au médecin en chef dans un hôpital militaire. C'est lui qui règle le service.

Les médecins et le pharmacien sont nommés pour trois mois ; ils sont rééligibles.

cardiers ; une ville ouverte de l'intérieur n'a besoin que d'un personnel masculin plus restreint.

Il est bon que les Comités insistent sur l'instruction des hommes, et que MM. les Professeurs veuillent bien partout, comme à Paris, initier les hommes qui ont suivi les leçons, faites plus spécialement pour les femmes, aux premiers soins à donner en cas d'accident ou de blessure, au transport des blessés, au maniement des malades et blessés dans leur lit, aux changements de lits, etc., toutes choses que les hommes employés par l'Union seraient appelés à faire.

Ces hommes peuvent être : des *membres associés* (hommes payant annuellement leur cotisation);

Des *associés auxiliaires* (hommes ayant subi le même examen que les femmes pour le certificat d'études spéciales et répondu aux questions sur le service d'infirmiers-brancardiers) et promettant à l'Union des Femmes de France leur concours en cas de guerre, comme *infirmiers-brancardiers ou infirmiers de visite.*

Ils ne sont renouvelables que par le Comité consultatif joint au Conseil d'administration.

(C) *La Secrétaire* est nommée par le Conseil, sur la présentation de la Commission administrative de l'hôpital. Elle peut être rétribuée. Elle est révocable par la Commission administrative si elle n'est pas membre titulaire ; par le Conseil dans le cas contraire.

(D) *La préposée à la lingerie et à la buanderie* est nommée par le Conseil si elle est membre titulaire ; par le Comité de direction si elle est membre auxiliaire, ou, si elle n'est pas encore membre de l'Union, sur la présentation de la Directrice d'hôpital et de la Présidente du personnel.

(E) La préposée aux vivres est nommée comme la précédente.

(F) Les membres auxiliaires pour le service des salles sont nommés par le Comité de direction, sur la présentation de la Directrice de l'hôpital et de la Directrice du personnel.

(G) Les gens de service sont nommés par la Directrice d'hôpital.

Des adjoints (hommes aptes à être employés utilement dans les services de l'Union en temps de guerre, comme *infirmiers-adjoints d'exploitation*) [1].

Il est bon de rappeler ici l'article 6 du décret du 21 décembre 1886 [2], portant que nul ne peut être employé s'il n'est Français ou naturalisé Français, et s'il n'est dégagé de toutes ses obligations militaires ; que cependant les hommes appartenant à la réserve de l'armée territoriale peuvent exceptionnellement, sur autorisation nominative donnée par le ministre, *après demande faite dès le temps de paix*, être admis à faire partie du personnel de la Société. Mais il faut aussi faire remarquer que les Sociétés de secours doivent se montrer très discrètes dans leurs demandes pour ne pas priver le service de santé militaire de précieux auxiliaires.

Par le mot : *hommes*, le décret comprend seulement les hommes de troupe et non les officiers ou les médecins

(1) *Par infirmiers de visite, on entend les infirmiers affectés au service des malades, et par infirmiers d'exploitation, les infirmiers remplissant toutes les fonctions de gens de service.*

(2) *Article 6 du décret.* — Nul ne peut être employé par la Société s'il n'est Français ou naturalisé Français, et s'il n'est dégagé de toutes les obligations imposées par la loi du 27 juillet 1872 sur le recrutement de l'armée, et par la loi du 3 brumaire an IV sur l'inscription maritime.

Néanmoins, les hommes appartenant à la réserve de l'armée territoriale peuvent exceptionnellement, sur des autorisations nominatives données par le ministre de la guerre, être admis à faire partie du personnel employé par cette Société. Les demandes d'autorisation concernant les hommes de cette dernière catégorie seront adressées, dès le temps de paix, au ministre ; les autorisations accordées par le ministre seront valables, même en cas d'appel de la classe à laquelle ils appartiennent.

Sont recrutés : les médecins traitants, parmi les docteurs en médecine ; les médecins-aides, parmi les docteurs en médecine ou les officiers de santé ; les pharmaciens parmi les pharmaciens diplômés.

désignés comme officiers de santé dans la réserve de l'armée territoriale [1].

La Commission du personnel chargée (art. 27 du règlement) [2] de tenir un registre du personnel tout entier de l'Union, fournit au Conseil d'administration, Comité directeur ou bureau des Comités, les renseignements

---

(1) Une société de secours auxiliaires, ayant adressé aux médecins, pharmaciens et comptables appartenant à la réserve de l'armée territoriale, une lettre-circulaire les invitant à se faire inscrire pour servir, en cas de guerre, dans les hôpitaux qu'elle pourrait créer, une circulaire du ministre de la guerre en date du 12 novembre 1887 rappelle à toutes les sociétes de secours que le mot homme « vise exclusivement les hommes appelés à « servir en qualité d'*hommes de troupe* et non les médecins et « pharmaciens appartenant à la réserve de l'armée territoriale, « lesquels sont appeiés en cas de mobilisation pour faire un « service d'officier. »

(2) *Article 27 du règlement.* — La *Commission du personnel* est chargée :

1º De tenir un registre du personnel tout entier de l'Union : membres honoraires, titulaires, auxiliaires ou associés, et d'y porter tous les renseignements nécessaires à l'emploi judicieux de chacun dans les services actifs de l'Union. Ce registre doit comprendre, en ce qui concerne les membres auxiliaires, les noms et prénoms, date et lieu de naissance, domicile, état-civil, nombre et âge des enfants, aptitudes physiques, époques des vaccination et revaccination, aptitudes intellectuelles, titres, services rendus ;

2º De se tenir en rapport avec les membres auxiliaires de l'Union et de fournir, à cet effet, des déléguées chargées, avec les déléguées de l'enseignement, de surveiller et d'encourager les élèves pendant leur période d'instruction, puis de se renseigner sur leur situation ultérieure et de les maintenir en relation avec la Société, dans les services de laquelle elles peuvent d'un jour à l'autre être appelées à prendre place ;

3º Elle est, de plus, chargée des rapports de l'Union avec les secourus ou avec leur famille. Elle doit notamment dresser un état de secourus demandant du travail, s'enquérir des besoins de chacun et leur faciliter les moyens d'obtenir, suivant les circonstances, soit du travail, soit des secours d'autres Sociétés charitables ou de particuliers.

Elle pourra aussi être chargée de faire apprendre aux mutilés par suite de blessures de guerre un état dont l'exercice soit compatible avec leur situation physique.

Toutes les questions intéressant le personnel doivent lui être soumises.

nécessaires au choix judicieux du personnel à désigner pour les divers emplois dans les hôpitaux à créer.

Les nominations (toutes renouvelables), à faire annuellement dans les conditions prévues aux articles 58 et 59 du règlement [1], sont les suivantes :

Pour 1 hôpital de 100 lits par exemple :

1 directrice d'hôpital ;

1 sous-directrice ;

1 ou 2 médecins ;   ) le plus ancien faisant fonction de
1 ou 2 chirurgiens ;) directeur.

1 secrétaire ;

1 préposée à la lingerie et à la buanderie ;

1 préposée aux vivres ;

6 à 10 infirmières-hospitalières (titulaires, auxiliaires ou auxiliaires-adjointes), et femmes de service ;

10 à 16 infirmiers-hospitaliers (associés, auxiliaires ou adjoints) ou hommes de service.

Soit 23 à 25 personnes, minimum à prévoir. (Pour les fonctions et attributions, voir l'article 60 du règlement) [2].

(1) Articles 58 du règlement cité page 20, et 59, page 21.

(2) *Article 60 du règlement. — Attributions et devoirs du personnel. — La Directrice d'hôpital* a la direction générale des services administratifs et la surveillance générale de l'hôpital. Elle est chargée de veiller à l'exécution de toutes les décisions de la commission administrative, de représenter la Société dans l'hôpital et d'être l'intermédiaire entre celui-ci et celle-là, de donner à tout le personnel placé sous sa direction l'exemple du dévouement aux malades.

Elle fait, tous les huit jours, un rapport écrit au Conseil d'administration sur le service dont elle est chargée.

Elle exerce ses fonctions sous le contrôle de la commission administrative et du commandement, celui-ci ayant toujours le droit d'entrée et de surveillance dans tous les établissements ouverts aux soldats.

Le médecin ou chirurgien le plus ancien a la direction générale du service médico-chirurgical, sous le contrôle des médecins membres du Comité consultatif délégués et désignés par le Conseil d'administration et celui des membres du service de santé militaire désignés par le commandement.

Il est chargé de la statistique et des rapports, ceux-ci devant être fournis tous les huit jours et plus souvent, s'il y a lieu, au Conseil d'administration qui peut les soumettre au Comité consultatif ou à ses membres délégués.

Les médecins et chirurgiens sont chargés d'assurer par eux-mêmes ou en s'adjoignant des aides, internes ou externes, le service médico-chirurgical de l'hôpital.

La Secrétaire est chargée, sous la surveillance de la *Directrice d'hôpital*, de la tenue de l'établissement hospitalier en général et plus particulièrement de la tenue des livres et registres.

Elle tient notamment le registre des entrées, celui des dépôts faits en magasin, les livres de comptabilité ; elle tient la caisse de l'hôpital. Elle établit les bons, qu'elle soumet au visa de la Directrice d'hôpital pour faire toucher chez la présidente de la commission des finances ou dans les lieux désignés par elle et contre sa signature.

Elle a le dépôt des billets d'entrée, des billets de salle et des feuilles diverses servant à l'établissement des certificats et des propositions, congés ou réformes, etc., etc.

Elle établit la situation journalière de l'hôpital et centralise tous les documents relatifs au personnel et au matériel.

Elle habite l'hôpital.

La Préposée à la lingerie et à la buanderie est chargée de la réception, de l'entretien, de la distribution du linge de ménage, de corps et de pansement. Elle veille à ce que le linge et les vêtements des entrants soient immédiatement lavés et désinfectés et leur soient, à leur sortie, rendus en parfait état de propreté et d'entretien.

Elle règle les entrées et les sorties de linge de la même manière, par la délivrance et la réception de *bons*.

Elle dispose séparément le linge neuf, en bon état de service et usé, le linge de ménage, de corps et de pansement. Elle évite absolument le contact du linge de ménage et de corps avec le linge à pansement, même à la buanderie. Elle a soin que le linge ne conserve après le lavage ni odeur ni humidité.

Elle répare ou fait réparer toutes les pièces qui ne sont pas hors de service et ne donne, autant que possible, que du linge hors d'usage pour être débité en bandes, compresses ou lambeaux.

La préposée aux vivres a pour mission de pourvoir dans les meilleures conditions possibles l'hôpital des approvisionnements nécessaires, de provoquer avec l'appui de la directrice du matériel, des dons d'objets de consommation, de veiller à la conservation de ceux qui sont en provision, de ménager les ressources sans faire des économies préjudiciables aux malades, de s'ingénier à donner aux prix des moindres dépenses la nourriture la plus saine et la plus variée aux malades en ayant soin de la leur présenter sous la forme la plus appétissante possible et de veiller

A ce personnel doivent être adjoints des ministres des cultes reconnus par l'Etat pour remplir les fonctions d'aumôniers (art. 63 du règlement) [1].

Toutes les nominations du personnel mentionné ci-dessus faites pour un an en temps de paix, sont toujours renouvelables et sont soumises pour le temps de guerre aux prescriptions du règlement.

Les membres titulaires de l'Union, est-il besoin de le dire, donneront aux auxiliaires l'exemple du devoir et du dévouement en s'inscrivant, au même titre qu'elles, pour soigner les malades et les blessés, ou remplir dans les hôpitaux telle ou telle fonction en rapport avec leurs aptitudes. L'influence morale qu'elles doivent exercer ne

à ce que les distributions soient faites régulièrement et rapidement.

Les membres titulaires ou auxiliaires attachés aux services des salles y remplissent les fonctions des infirmiers dans les hôpitaux militaires. — Elles ont, comme ceux-ci, des fonctions médicales et administratives.

Elles aident aux pansements ou les font. soit sous la direction des médecins, soit en leur absence, suivant leurs prescriptions.

Elles font boire et manger les malades couchés ou impotents ; elles leur font prendre les médicaments prescrits et leur donnent tous les soins que réclame leur état. Elles se mettent à leur disposition toutes les fois qu'ils demandent leur intervention.

Elles veillent à la propreté des malades et de leur linge, et assurent aussi la propreté des salles.

Elles peuvent être aidées et parfois suppléées par des gens de service, hommes ou femmes, pour les gros ouvrages, mais non pour tout ce qui a trait aux soins à donner aux malades.

L'une d'elles peut être, dans chaque salle, désignée comme première infirmière, et la plus méritante peut avoir dans l'hôpital le titre d'infirmière-chef.

Les gens de service sont à la disposition de la directrice d'hôpital, qui leur assigne leur service.

(1) *Art. 63 du règlement.*— SECOURS RELIGIEUX.— Des ministres des cultes reconnus par l'Etat, spécialement désignés par le conseil d'administration, assurent aux malades et aux blessés, dans les services hospitaliers de l'Union, les secours de leur religion.

sera que plus grande et plus utile, si elles n'oublient jamais qu'elles ont le droit et le devoir de se dévouer les premières.

Dans les villes où doivent fonctionner plusieurs hôpitaux ou qui ont sous leur direction des Comités voisins (art. 54 du règlement) [1], un *Comité directeur des établissements de secours de l'Union* est institué suivant les prescriptions de l'art. 55 [2] du règlement. (Voir page 34).

DÉLÉGUÉS.

Pour assurer le bon fonctionnement des services de l'Union en temps de guerre, et en particulier de ceux des divers Comités considérés isolément, quelles que soient les

(1) *Art. 54 du règlement.* — Tous les établissements de secours créés dans une ville ou une région dépendant d'un même comité sont généralement dirigés par le *Comité directeur des établissements de secours de l'Union* siégeant à Paris ou dans les localités désignées comme il est dit à l'art. 3.

Quand un seul établissement de secours est créé dans une ville ou région, il est dirigé par la commission administrative dudit établissement, mais il se tient toujours en relation avec le *Comité directeur des établissements de secours de l'Union* le plus voisin ou celui de Paris.

(2) *Art. 55 du règlement.* — Le *Comité directeur des établissements de secours de l'Union* siégeant à Paris se compose de la Présidente, d'une Vice-Présidente, de la Secrétaire du Conseil, des Directrices des diverses commissions, de cinq membres du Conseil désignés par celui-ci, des diverses Directrices d'hôpital, de deux médecins (médecin et chirurgien autant que possible), d'un officier général ou supérieur des armées de terre ou de mer, d'un intendant militaire ou d'un commissaire de la marine membre du Comité consultatif, du médecin le plus ancien de chaque hôpital en formation ou déjà créé et du secrétaire du Conseil.

Les membres élus le sont par le Conseil d'administration.

Ce Comité directeur des établissements de secours est nommé pour toute la durée de la guerre.

L'organisation des Comités directeurs des établissements de secours de l'Union dans les localités désignées par le conseil d'administration sera autant que possible conforme à celle qui est indiquée ci-dessus.

circonstances telles que : siège, envahissement, interruption des communications, de cause quelconque, il y a lieu de procéder à une organisation permettant la décentralisation éventuelle, sans préjudice de la solidarité qui doit unir, sauf le cas de force majeure, les divers Comités de l'Union.

Le décret du 21 décembre 1886 impose la nomination de délégués régionaux (ou de corps d'armée) (art. 7) [1] qui doivent être agréés par le ministre de la guerre et accrédités par lui auprès des commandants de corps d'armée, et dans certaines régions auprès des vice-amiraux, préfets maritimes.

Ces délégués correspondent, par l'intermédiaire des directeurs du service de santé des régions de corps d'armée, avec les généraux commandant celles-ci, et, s'il y a lieu, avec les vice-amiraux commandant en chef, préfets maritimes (art. 10) [2].

Eux seuls sont, d'après cela, chargés de représenter la Société auprès du commandement et du service de santé de leur région militaire, comme la Présidente seule la repré-

---

(1) *Art. 7 du décret.* — La Société est représentée :

1° Auprès du ministre de la guerre et du ministre de la marine et des colonies, par la présidente de la Société ;

2° Dans chaque région de corps d'armée où elle a des centres d'action, par un délégué régional nommé par le conseil supérieur de la Société, agréé par le ministre de la guerre et accrédité par lui auprès du général commandant le corps d'armée.

Dans les 10e, 11e, 15e et 18e corps d'armée, les délégués régionaux sont également accrédités auprès des vice-amiraux commandant en chef, préfets maritimes.

(2) *Art. 10 du décret.* — Les délégués régionaux ne correspondent pas avec le ministre ; ils s'adressent, par l'intermédiaire des directeurs du service de santé, aux généraux commandant les régions de corps d'armée et, s'il y a lieu, aux vice-amiraux, commandant en chef, préfets maritimes, pour toutes les affaires où l'intervention de l'autorité militaire ou maritime peut-être nécessaire.

Ils fournissent, périodiquement, un rapport sur le fonctionnement du service dans leur circonscription.

sente auprès du ministre. C'est une excellente mesure, mais une mesure qui doit être complétée par une organisation intérieure assurant la réprésentation de tous les Comités d'une région, aussi bien que celle du Comité siégeant au chef-lieu de corps d'armée.

Plusieurs délégués régionaux (ou de corps d'armée) se sont trouvés embarrassés pour répondre aux questions qui leur étaient ou devaient leur être adressées par le service de santé, au sujet des ressources disponibles des divers Comités de la région, et cela faute d'une organisation centralisant régulièrement les renseignements que doivent fournir tous les Comités. En outre, plusieurs Comités, ou plus anciens, ou plus importants comme nombre d'adhérents, ou plus avancés comme organisation, ont manifesté la crainte de n'être pas suffisamment représentés par le délégué régional (ou de corps d'armée), peu au courant de leurs ressources.

Pour parer à ces inconvénients, aussi bien que pour assurer un fonctionnement autonome à un groupe de Comités d'une même région ou même à un Comité, qui pourraient se trouver, en temps de guerre, séparés de leur représentant officiel auprès de l'autorité militaire (le *délégué régional*), il y a lieu de désigner un délégué par Comité, dit *délégué de Comité*, un délégué par département, dit *délégué de département*, et d'adopter une hiérarchie qui peut être figurée ainsi : (Voir le tableau, page 31).

L'ensemble de ces divers délégués, constituant une *délégation régionale de corps d'armée*, a lui-même un délégué qui est le délégué régional ou de corps d'armée, seul officiel et prévu par l'art. 10 du décret du 21 décembre 1886.

Les délégués de Comité sont choisis par les Conseils d'administration, parmi les membres titulaires ou associés.

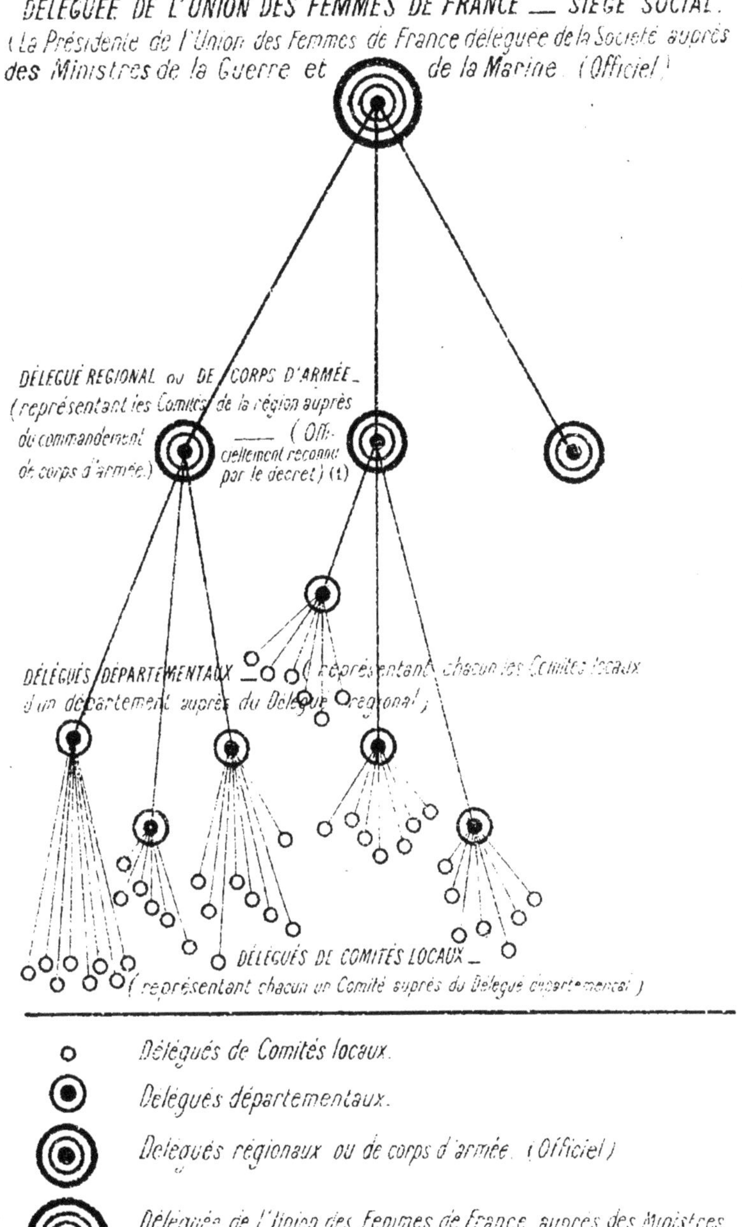

(1) Les Comités de Paris et des villes comprises dans la circonscription du gouvernement de Paris ont un DÉLÉGUÉ RÉGIONAL au même titre que les Comités établis dans les autres régions de corps d'armée.

Ils représentent, en temps de paix comme en temps de guerre, leurs Comités respectifs, aux réunions ordinaires et extraordinaires de la délégation régionale. Ils s'entendent entre eux pour l'organisation des services, la répartition des ressources, fournissent en temps utile au *délégué régional* ou de corps d'armée tous les éléments nécessaires à l'établissement de son rapport semestriel aux *directeurs de service de santé de la région* (art. 10 du décret) [1] et au siège social à Paris, d'où « La Société adresse, tous les six mois, au Ministre de la guerre, un rapport destiné à lui faire connaître les moyens dont elle dispose en personnel et en matériel » (art. 5 du décret) [2].

Les délégués de Comités peuvent, en temps de guerre, par suite d'isolement de leurs Comités respectifs, être, auprès du commandement local, les représentants provisoires de ces Comités et de la Société, au même titre que les délégués officiels de corps d'armée le sont en temps normal auprès des généraux commandant les corps d'armée.

Les délégués de Comité de chaque département se réunissent une fois par an en assemblée ordinaire, la première année au chef-lieu de département, puis au chef-lieu de département ou dans telle autre ville qui sera désignée par eux.

Le délégué départemental est chargé de représenter, dans certaines circonstances, les Comités de son département auprès du délégué régional ou de corps d'armée, et éventuellement, en cas de guerre isolant le département du

(1) Art. 10 déjà cité page 18.

(2) *Art. 5 du décret.*— En temps de paix, la Société adresse, tous les six mois, au ministre de la guerre, un rapport destiné à lui faire connaître les moyens dont elle dispose en personnel et en matériel.

siège du commandement de corps d'armée, de remplacer auprès du commandement le délégué officiel.

Les délégués départementaux sont chargés de centraliser les documents intéressant les divers Comités du département et de représenter ceux-ci dans les réunions auprès du délégué régional ou de corps d'armée, pour éviter des déplacements à tous les délégués de Comités.

Ces délégués départementaux sont nommés par les délégués de Comités lors de leur réunion annuelle.

Sans vouloir parler des aptitudes spéciales des délégués, il est pourtant bon de rappeler qu'ils doivent avoir du temps à consacrer à l'œuvre, n'être pas astreints au service militaire (ce qui les obligerait à abandonner leurs fonctions en cas de guerre), être au courant des questions de secours et en particulier de l'organisation de l'Union des Femmes de France et de celles des autres Sociétés.

Il est bon, en outre, que les délégués départementaux soient autant que possible choisis parmi ceux des Comités siégeant dans des villes désignées par leur importance militaire, ou l'étendue de leurs ressources, ou leur situation topographique comme devant être, en cas de guerre, le siège d'une direction régionale des établissements de secours fondés par l'Union.

DIRECTION DES SERVICES

DE SECOURS

Les Comités de direction des établissements de secours sont constitués comme il est dit à l'article 55 du règlement[1]. Ils sont divisés en Comités départementaux et Comités régionaux.

Les Comités départementaux se trouvent constamment en rapport, sauf le cas de force majeure, avec les Comités de la région d'une part et d'autre part avec le délégué de corps d'armée et le siège central de l'Union, à Paris, pour leur fournir régulièrement des renseignements sur tout ce qui intéresse le service.

Ils sont chargés de répartir équitablement les ressources disponibles du département entre les divers établissements de secours du département ou de la région militaire à laquelle ils ressortissent, si ceux-ci sont occupés par des malades ou des blessés, et dans le cas contraire, de diriger les moyens de secours mis à leur disposition, sur les établissements les plus voisins ou les plus dépourvus, suivant les instructions reçues du siège social, à Paris, ou leurs renseignements particuliers pris auprès des autorités militaires.

Cette organisation nécessitant une étude sérieuse des besoins régionaux, en cas de guerre, demande à être prévue et soigneusement préparée dès le temps de paix, comme celle de toutes les autres branches du service. Il faut que chacun sache à l'avance ce qu'il pourra avoir à faire, connaisse l'étendue et les limites de ses attributions et se prépare à remplir ponctuellement celles-ci.

(1) Art. 55 du règlement, déjà cité page 28.

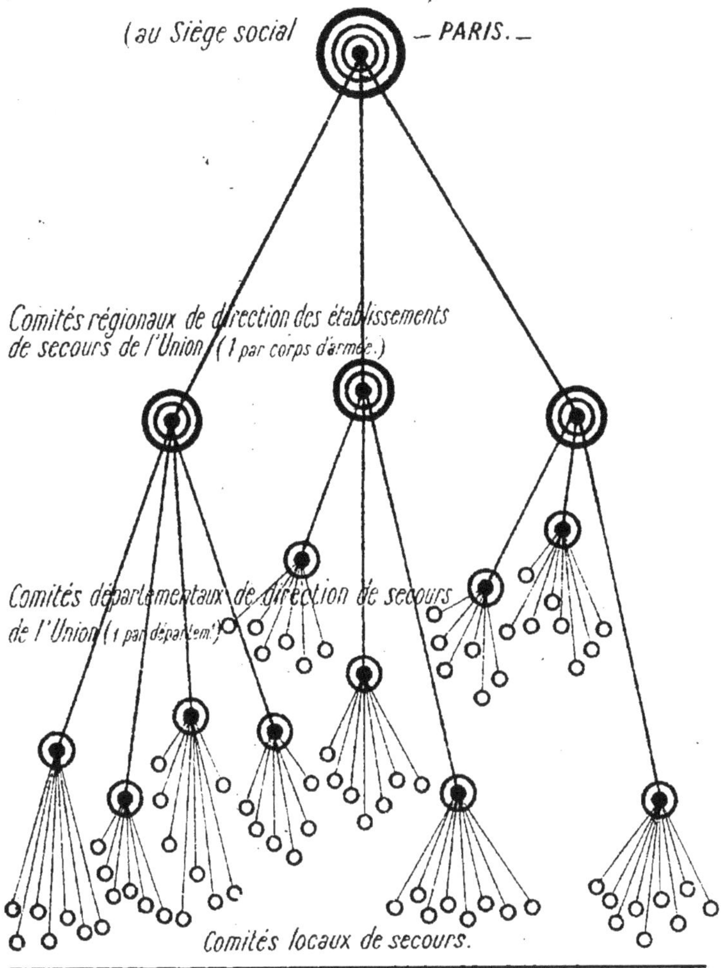

o   *Comités locaux de secours.*

⊙   *Comités départementaux de direction des services de secours de l'Union.*

◎   *Comités régionaux (ou de corps d'armée) de direction des services de secours de l'Union.*

◎   *Comité central de direction des établissements de secours de l'Union.*

Une entente préalable avec l'autorité militaire, prévue par les articles 9 [1] et 12 [2] du décret du 21 décembre 1886, est nécessaire pour procéder utilement à cette organisation.

Des commissions, composées de délégués de tous les Comités locaux ressortissant à une même direction départementale des établissements de secours de l'Union, pourront se joindre au délégué régional ou de corps d'armée, pour solliciter, à titre officieux, les avis du directeur du service de santé du corps d'armée, auprès duquel celui-ci seul est officiellement accrédité.

Il est institué une direction départementale par département.

Le nombre des directions régionales des établissements de secours de l'Union est strictement limité au nombre des régions de corps d'armée ; quant à leur siège, il est imposé par des besoins, très différents suivant les régions, des probabilités militaires, ou autres considérations d'intérêt général.

Ces directions régionales centralisent tout ce qui intéresse les secours dans les régions de corps d'armée, sont chargés d'une équitable répartition des ressources entre les divers établissements de ces régions, de la correspondance avec

---

(1) *Art. 9 du décret.* — La Présidente de la Société est l'intermédiaire entre le ministre de la guerre et la Société.

C'est à elle que sont adressées toutes les communications officielles ayant pour objet l'organisation générale du service de la Société.

Dès le temps de paix, le ministre de la guerre lui fait connaître les parties du service à l'exécution desquelles la Société doit participer en cas de mobilisation.

Au cours des opérations, il lui fournit toutes les indications utiles à son fonctionnement.

(2) *Art. 12 du décret.* — Aucun établissement hospitalier ne peut être créé par la Société sans une entente préalable avec l'autorité militaire au sujet de l'importance à donner à l'établissement et du choix de son emplacement.

La fermeture d'un établissement reste soumise à la même formalité d'entente préalable.

la direction du service de santé de corps d'armée et le commandement, et de la correspondance avec le siège social où siège le *Comité central de direction des établissements de secours de l'Union*.

Cette organisation correspond exactement à celle des délégués de Comités de département et de corps d'armée.

Le tableau ci-contre donnera une idée de l'organisation des Comités de secours et des Comités directeurs des établissements de secours de l'Union. (Voir page 35).

*
* *

Tout étant ainsi préparé, la *guerre* venant à éclater, un appel est immédiatement et partout adressé par voie d'affiches et de notes insérées dans les journaux, aux membres de l'Union et à la population toute entière.

Tous ceux qui veulent concourir à l'œuvre de l'Union des Femmes de France sont invités par ces notes ou affiches à se présenter au siège des Comités et à porter en tel ou tel lieu, *à désigner dès le premier appel*, les divers objets qui peuvent être mis à sa disposition (art. 51 du règlement) [1].

Art. 51 du règlement. — L'état de toutes les ressources est immédiatement fourni par les Directrices de divers services : à Paris, au Conseil d'administration, en province, au Conseil d'administration, au Comité de direction ou au bureau en fonctions.

Une note est immédiatement rédigée et adressée aux journaux :

1° Pour informer que l'Union des Femmes de France organise ses services et faire appel au concours de tous ;

2° Pour faire savoir qu'elle va d'abord adresser à toutes les personnes ayant souscrit pour la livraison éventuelle de dons en argent ou en nature une invitation à tenir à la disposition de la déléguée de l'Union, qui se présentera avec une pièce signée de la Présidente ou de la Vice-Présidente et la Directrice des services des finances et du matériel, les fonds ou les objets promis ;

3° Pour faire savoir en quel lieu la Société concentre ses moyens de secours et organise ses établissements hospitaliers et prier

Les locaux à désigner comme lieux de concentration du matériel, varieront avec la nature et l'état de celui-ci. Ce seront de préférence : le siège des Comités, pour le linge à ouvrer; le siège de l'hôpital, pour le linge en bon état de service, les denrées et conserves alimentaires, les moyens de chauffage, etc. ; des magasins ou usines à réfection ou désinfection, pour l'ameublement ayant besoin de réparations ou d'adjonctions, et particulièrement pour la literie en mauvais état d'entretien.

Un *récépissé* détaché d'un *livret à souche* sera donné à chaque porteur d'objets d'une certaine importance, comme à chaque porteur d'une somme de 5 francs et au-dessus (les sommes inférieures à 5 francs seront seulement inscrites).

Le nom de tous les donateurs sera inscrit.

Plusieurs membres titulaires ou associés de l'Union se tiendront en permanence à la disposition du public au siège des Comités pour lui donner tous les renseignements nécessaires et recevoir les demandes d'emploi, les dons en argent et en nature, délivrer les récépissés, classer les objets au fur et à mesure de leur entrée et tout inscrire sur les registres dès le premier jour.

C'est là une chose essentielle au point de vue de la comptabilité en deniers et en matières et qui nécessite la

chacun d'y faire transporter tout ce dont il peut disposer en faveur des blessés. (Les locaux désignés sont ceux qui, à l'avance, ont été désignés par l'autorité militaire, ou bien ceux qui ont été choisis par la Commission médicale d'enseignement et les membres médecins des Comités consultatifs, ou bien des baraquements en planches qu'il peut y avoir lieu de faire établir immédiatement en un point déterminé par ladite Commission assistée des mêmes membres du Comité consultatif).

Le personnel médical et le personnel infirmiers sont immédiatement informés et convoqués par la Présidente et la Directrice du personnel.

possession préalable de livrets à souche et registres, dont les modèles peuvent être demandés au siège social.

Tous les documents relatifs à chacun des Comités de secours et des hôpitaux auxiliaires seront groupés au siège social dans un travail d'ensemble qui représentera, pour l'Union, les « journaux de mobilisation » du service de santé de l'armée.

Tous les Comités de province sont instamment priés de fournir très régulièrement au siège central les éléments nécessaires à cet important travail.

ISSOUDUN. — TYPOGRAPHIE A. GAIGNAULT.

www.ingramcontent.com/pod-product-compliance
Ingram Content Group UK Ltd.
Pitfield, Milton Keynes, MK11 3LW, UK
UKHW022218070726
13613UKWH00004B/1747